Liebe Leserin, lieber Leser!

Nicht nur zum Martinstag werden bunte Lampions gebastelt. Die phantasievollen Laternen aus Luftballons, die wir Ihnen hier vorstellen, begleiten uns durch jede Jahreszeit. Ob als Dekoration für Ihr sommerliches Gartenfest oder Ihre Halloween-Party, der Phantasie sind keine Grenzen gesetzt. Und mit den lustigen Tierlaternen erfreuen Sie die Kinderherzen. Bastelspaß für die ganze Familie ist dabei garantiert. Sie haben die Wahl – von ganz leichten bis hin zu aufwändigeren Modellen, bei denen die kleinen Bastelfreunde unsere Hilfe brauchen. Auf jeden Fall aber ist für alle etwas dabei.

Für die Bastelzeit wünsche ich Ihnen und Ihren Kindern sehr viel Spaß
Ihre

Inhaltsverzeichnis

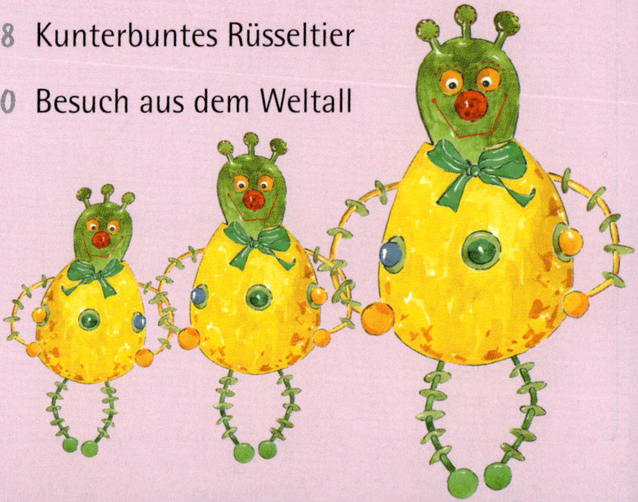

UHU
kraft
Metylan
spezial
Henkel
Strukturtapeten
Papiertapeten
Rauhfaser
Spezialtapeten
Universelle Klebkraft
Gut korrigierbar
Fun Liner Glitter
Fun Liner Glitter

Ballontechnik

Grundmaterial

1

- *Luftballon*
- *Tapetenkleister*
- *Transparentpapier*
- *Schere, Pinsel*

1. Tapetenkleister nach Gebrauchsanweisung anrühren. Transparentpapier in etwa 3-6 cm große Stücke reißen oder schneiden. Ballon aufblasen und gut verknoten.

2

2. Nach und nach Ballon mit Kleister bestreichen und Papierstücke an den Kanten überlappend auflegen. Um den Knoten herum ein Stück unbeklebt lassen. Damit der Ballon zum Basteln genügend Stabilität erhält, mit vier bis fünf Papierschichten arbeiten.

3. Den Ballon bei Zimmertemperatur trocknen lassen, mindestens zwölf Stunden. Jetzt den Luftballon einpieksen und Luft entweichen lassen. Die Reste des Luftballons entfernen und die Papieröffnung mit der Schere erweitern.

3

Aufhängung

Dafür eignen sich fertige Laternenbügel oder auch ein Stück Aludraht in der gewünschten Länge. Zur Befestigung an zwei gegenüberliegenden Stellen der Laterne mit einer Lochzange oder einer Nadel Löcher stechen. Die Drahtenden hindurchführen, umbiegen und dann zusammen verdrehen. Bügel einfach in Häkchen des Laternenstabs einhängen.

Vorlagen abpausen

Grundmaterial

- *Transparentpapier*
- *Blaupapier (Graphitpapier) bzw. Kreidepapier bei dunklem Untergrund*
- *Untergrund, z. B. Tonzeichenpapier, Fotokarton, Moosgummi*
- *Bleistift, Filzstift, Schere*

1

1. Das Transparentpapier über das ausgesuchte Motiv auf den Vorlagenbogen legen und mit Bleistift alle Konturen und gegebenenfalls die Innenlinien nachzeichnen.

2

2. Die gezeichnete Transparentpapiervorlage auf den entsprechenden Untergrund legen. Dazwischen das Blau- bzw. Kreidepapier mit der färbenden Seite nach unten legen. Jetzt die Linie auf der Transparentpapiervorlage mit dem Bleistift nachziehen. Die Linien werden so auf dem Untergrund sichtbar.

3

3. Manchmal braucht man die Motivteile in spiegelbildlicher Form. Dann wendet man die Transparentpapiervorlage einfach und paust sie erneut durch das Blaupapier auf den Untergrund ab.

Beleuchtung

Es gibt spezielle Kerzenhalter (für unsere Laternen am besten Teelichthalter), die im Laternenboden fixiert werden.
Wer bei kleinen Kindern ganz sicher gehen möchte, sollte am besten elektrisch beleuchtete Laternenstäbe benutzen.

Geisterstunde

1. Den Ballon auf etwa 23 cm Durchmesser aufpusten. Dann mit weißen Transparentpapierschnipseln bekleben, wie auf Seite 4 beschrieben. Dabei für die Öffnung etwa 10 cm unterhalb des Knotens unbeklebt lassen. Trocknen lassen.

2. Inzwischen die Vorlage für den Kopfumriss (2-mal) sowie die Hände (4-mal) auf das weiße Moosgummi übertragen. Die beiden Augen auf das gelbe Moosgummi pausen. Alle Teile ausschneiden und bereitlegen.

3. Den Luftballon anstechen, sobald das Papier getrocknet ist. Die Ballonreste entfernen. Den Rand der Öffnung mit einer kleinen Schere auf etwa 13 cm erweitern.

4. Für die Arme zwei Biegeplüschstücke nehmen. Jedes in der Mitte umknicken, so dass ein Arm aus einem doppelten Strang besteht. Das eine Ende eines Armes zwischen zwei Gespensterhände legen, die dann mittels Heißklebepistole aufeinander geklebt werden. Ebenso mit dem anderen Arm verfahren. Dann die freien Enden beider Plüschdrähte zwischen die Kopfteile kleben.

5. Als Bekleidung bekommt das Gespenst ein Stück Chiffon. An der längeren Stoffseite einen Saum von ca. 2 cm umschlagen und einen Faden so durchziehen, dass nachher der Stoff zusammengerafft nur einmal die Laternenöffnung umrandet.

6. Auf der Vorderseite des doppelwandig verklebten Gespenstergesichtes die gelben Augen mittels Heißkleber befestigen. Zum Schluss werden in gleicher Weise die Wackelaugen aufgeklebt. Damit sie besser zur Geltung kommen, die Partie um die Augen mit silberfarbenen Linien oder Punkten dekorieren.

7. Jetzt das Kopfteil (inklusive Arme) an der Laternenöffnung anbringen. Mit Heißkleber hält es besser. Das gilt auch für das Kleid, das gerafft um den Hals herum geklebt wird. Zuletzt die Arme vom Körper abstehend zurechtbiegen.

8. Zum Schluss den Laternenbügel (siehe dazu Seite 4) und das Leuchtmittel (siehe Seite 5) anbringen.

Material

- *Grundmaterial (siehe Seite 4 und 5)*
- *2 Bogen Transparentpapier in Weiß, je 70 x 100 cm*
- *Moosgummi in Weiß, 30 x 45 cm*
- *Moosgummi in Gelb, ca. 6 x 12 cm*
- *1 Paar Wackelaugen, Ø 2,5 cm*
- *Chiffon in Weiß, 50 x 140 cm*
- *Biegeplüsch in Weiß, 2 x 50 cm*
- *Marabu-Fun Liner Glitter in Silber*
- *Heißklebepistole*
- *Nadel und Faden in Weiß zum Nähen*

Vorlage 1, Bogen A

Happy-Halloween-Kürbis

1. Die Vorlagen für das Gesicht des Kürbisses auf Transparentpapier nachziehen. Dann Kreidepapier so unter das farblose Transparentpapier schieben, dass sich beim Nachfahren der Konturen die Umrisse auf das zuunterst liegende braune Transparentpapier übertragen: Mund und Nase jeweils zweimal, das Auge viermal durchpausen. Dann ausschneiden.

2. Einen Luftballon auf die Größe von ca. 18 cm Durchmesser aufpusten. Dann nach und nach mit Tapetenkleister bepinseln und zwei Schichten weißes, in Stücke gerissenes Transparentpapier aufbringen. Dabei unterhalb des Knotens ein Stück für die Öffnung aussparen. Zwischendurch mit nassen Kleisterhänden immer wieder glatt streichen. Zwei weitere Schichten aus kleinen Stücken orangefarbener Strohseide darüber kleben.

3. Solange der Ballon noch feucht ist, werden die Augen, Nase und Mund zweilagig, also übereinander, mit dem Tapetenkleister aufgeklebt. Wenn er getrocknet ist, den Luftballon anstechen und die Reste entfernen. Die Öffnung mit einer spitzen Schere auf ca. 9 cm erweitern.

4. Jetzt nach der Vorlage drei Blätter auf grünes Moosgummi pausen, ausschneiden und dekorativ um die Laternenöffnung verteilen. Dort mit Heißkleber anbringen.

5. Zum Schluss den Biegeplüsch zu einem Korkenzieher drehen, im Bogen dekorativ über die Laternenöffnung drapieren und dann die Enden mit der Heißklebepistole zwischen die Blätter kleben.

6. Statt an einem einfachen Aludraht oder einem Laternenbügel wird das Häkchen des Stabes für die Halloween-Laterne an dem Biegeplüsch eingehängt. Dann entweder einen Kerzen- oder Teelichthalter auf dem Grund der Laterne anbringen oder einen Leuchtstab einhängen.

Material

- *Grundmaterial (siehe Seite 4 und 5)*
- *1 Bogen Transparentpapier in Weiß, 70 x 100 cm*
- *1 Bogen Strohseide in Orange, 70 x 100 cm*
- *Transparentpapier in Braun, 20 x 30 cm*
- *Moosgummi in Grün, 30 x 40 cm*
- *Biegeplüsch in Grün, 50 cm lang*
- *Heißklebepistole*

Vorlage 2, Bogen A

Da lacht die Sonne – ganz unverblümt

1. Den Luftballon auf eine Größe von ca. 17 cm Durchmesser aufpusten. Ihn dann, wie auf Seite 4 ausführlich beschrieben, mit vier Schichten aus gelben Transparentpapierschnipseln bekleben. Für die Öffnung ca. 5 cm unterhalb des Knotens frei lassen. Danach trocknen lassen. Nach dem Trocknen den Ballon einstechen und die Reste entfernen.

2. Während der Luftballon trocknet, die Vorlage für die Blütenblätter 6-mal auf das hellgelbe und 6-mal auf das dunkelgelbe Moosgummi übertragen und ausschneiden. Siehe hierzu Seite 5. Die Blütenblätteranzahl kann größer oder kleiner ausfallen, je nach Ballongröße.

3. Wenn der Laternenballon vollständig getrocknet ist, werden mit einem Tapetenmesser für die Blütenblätter dünne Einschnitte von ca. 2,5 cm Länge gemacht. Die Abstände sollten ungefähr 2 bis 2,5 cm betragen. Hier kann man vermitteln, um ein gleichmäßiges Bild zu erhalten.

4. Jetzt werden abwechselnd helle und dunkle Blütenblätter in die Laterne gesteckt. Ein Verkleben ist hier nicht notwendig.

5. Als ergänzende Dekoration aus braunen und orangefarbenen Transparentpapierresten Konfetti herstellen und diese an der Vorderseite aufkleben. Wer möchte, malt der Sonnenblume mit einem Fun Liner Glitter ein lustiges Gesicht auf.

6. Abschließend werden nun noch der Bügel und das Leuchtmittel angebracht.

Tipp: *Um gleichmäßige Abstände zwischen den Blütenblättern zu erreichen, sollte man mit einem Schnitt beginnen, ein Blatt einstecken und erst dann den Schnitt für das nächste Blütenblatt machen. So erhält man ein gleichmäßiges Bild.*

Material

- *Grundmaterial (siehe Seite 4 und 5)*
- *2 Bogen Transparentpapier in Gelb, je 70 x 100 cm*
- *Transparentpapier in Braun und Orange (kleine Stücke)*
- *Moosgummi in Hellgelb, 22 x 30 cm*
- *Moosgummi in Dunkelgelb, 22 x 30 cm*
- *Marabu-Fun Liner Glitter, Farbe nach Wahl*
- *Klebestift*
- *Tapetenmesser*

Vorlage 3, Bogen A

Der Mond ist aufgegangen

1. Auf den aufgepusteten Ballon (19-20 cm Durchmesser) vier Schichten zitronengelbes Transparentpapier nach der Grundanleitung auf Seite 4 kleben. Ein kleines Stück unterhalb des Knotens unbeklebt lassen. Zum Trocknen aufhängen, danach Ballon einstechen und entfernen.

2. Inzwischen nach Vorlage Sterne aus dunkelgelbem Transparentpapier ausschneiden (12–15 Stück). Mit Bleistift die Umrisse eines Mondgesichtes frei auf die Laterne zeichnen.

3. Für das Mondgesicht dunkelgelbes Transparentpapier in Stücke reißen. Diese mit dem restlichen Tapetenkleister in einer Mosaiktechnik innerhalb des vorgezeichneten Feldes einlagig aufbringen. Aber Vorsicht! Sparsam mit dem Kleister umgehen, da sich sonst die Laterne wegen der Feuchtigkeit verformen könnte. Auf die restliche Fläche mit wenig Kleister die Sterne aufbringen.

4. Wenn alles getrocknet ist, werden die Konturen des Mondgesichtes mit Fun Liner Glitter in Gold nachgezogen. Aus weißem Fotokarton das Auge (Vorlage) ausschneiden, mit schwarzem Filzstift den inneren Kreis für die Pupille ausmalen und aufkleben. Die Augenbraue und den Mund ebenfalls mit schwarzem Filzstift aufzeichnen.

5. Zum Schluss drei ca. 20 cm lange Holzsternenketten herstellen. Dafür benötigt man 18 Sterne (Streudekoration) und einen gelben dicken Faden. Jeweils drei Sterne in Abständen von ca. 4 bis 5 cm auf die Arbeitsfläche legen. Darüber den gelben Faden legen und mit Heißkleber ankleben. Auf die Klebefläche wird sofort ein weiterer Stern aufgelegt und angedrückt. So entsteht eine doppelwandige Sternenkette.

6. Um die Ketten anzubringen, unten und an den Seiten der Laterne jeweils ein kleines Loch mit einer spitzen Schere stechen, den Faden hindurchziehen und ihn von innen mit mehreren Klebestreifen über Kreuz festkleben.

7. Zum Schluss werden noch der Bügel und das Leuchtmittel eingebracht.

Material

- *Grundmaterial (siehe Seite 4 und 5)*
- *2 Bogen Transparentpapier in Zitronengelb, je 70 x 100 cm*
- *Transparentpapier in Dunkelgelb, 20 x 50 cm*
- *Fotokarton in Weiß, 2,5 x 2,5 cm*
- *Marabu-Fun Liner Glitter in Gold*
- *Filzstift in Schwarz*
- *18 Holzsterne (Streudekoration) in Gold*
- *dicker Faden in Gelb, 70 cm lang*
- *Heißklebepistole*
- *Klebefilm, Klebstoff*

Vorlage 4, Bogen A

Sei kein Frosch!

1. Einen Luftballon auf die Größe von ca. 20 cm Durchmesser aufpusten. Zuerst wird er rundherum – bis auf die Aussparung unterhalb des Knotens – mit zwei Lagen aus weißen Transparentpapierschnipseln beklebt. (Siehe dazu Beschreibung auf Seite 4.) Für die dritte und vierte Schicht der oberen Hälfte des Ballons werden grüne Strohseidestücke aufgeklebt.

2. Von dieser Strohseide einen Rest für Arme, Beine und Augen übrig lassen. Auf die untere Hälfte kommt nun eine Schicht rotes und eine Schicht gelbes Transparentpapier (in Stücken). Die obere Hälfte des Frosches soll grün, die untere Hälfte bunt werden. Nach dem Bekleben den Luftballon zum Trocknen aufhängen. Wenn das Kleisterpapier getrocknet ist, den Ballon einpieksen und entfernen.

3. In der Zwischenzeit die Vorlagen für die Arme, Beine und Augen (nur die großen Kreise) auf hellgrünen Fotokarton übertragen und ausschneiden. Auf diesen einseitig grüne Strohseide kleben. Wenn alles trocken ist, die Kanten nochmals sauber nachschneiden.

4. Damit die Laterne klar in der Mitte unterteilt aussieht, mit Klebstoff ein rotes Band wie einen Gürtel ringsherum kleben. Dann wird über das rote Band ein Band mit Karomuster geklebt und vorne zu einer Schleife gebunden. Die Enden hängen locker herunter.

5. Um die Augen letztlich zu vervollständigen, werden sie mit jeweils einer kleinen Scheibe aus dunkelgrünem Fotokarton (nach Motivvorlage) beklebt. Hierauf kommen dann die Wackelaugen. Jetzt werden die Arme und die fertigen Augen mit Heißkleber auf die Laterne geklebt. Die Beine werden entlang der gestrichelten Linie geknickt und mit dem kleinen Streifen am unteren Bauch des Frosches befestigt. Den Mund des Frosches mit rotem Fun Liner Glitter aufmalen.

6. Zum Schluss den Bügel und das Leuchtmittel anbringen.

Material

- *Grundmaterial (siehe Seite 4 und 5)*
- *1 Bogen Transparentpapier in Weiß, 70 x 100 cm*
- *1 Bogen Strohseide in Hellgrün, 70 x 100 cm*
- *Transparentpapier in Gelb, 18 x 25 cm*
- *Transparentpapier in Rot, 18 x 25 cm*
- *Fotokarton in Hellgrün, 20 x 30 cm*
- *Fotokarton in Dunkelgrün, 5 x 10 cm*
- *Band in Rot, 2,5 cm breit, ca. 80 cm lang*
- *Karoband in Weiß-Rot, 0,5 cm breit, ca. 160 cm lang*
- *1 Paar Wackelaugen, Ø 2,5 cm*
- *Marabu-Fun Liner Glitter in Rubinrot*
- *Heißklebepistole, Kraftkleber*

Vorlage 5, Bogen B

Liebster Teddybär

1. Einen Luftballon auf einen Durchmesser von ca. 22 cm aufpusten. Mit braunen Transparentpapierschnipseln bekleben. Unterhalb des Knotens ein Stück für die Öffnung frei lassen (ca. 8 cm). Nach dem Trocknen den Luftballon einstechen und entfernen.

2. In der Trockenzeit die Vorlagen für die Gesichtsteile (außer den Ohren) auf Tonzeichenpapier übertragen: Die großen Kreise (Wangen) auf rotes, die mittelgroßen (Augen) auf weißes, die kleinen Kreise (Pupillen) auf schwarzes Papier. Die Nase ebenfalls auf schwarzes, die ganze Schnauze auf orangefarbenes Papier. Alle Teile ausschneiden.

3. Damit die Ohren stabiler sind, werden die Außenohren aus Fotokarton hergestellt. Dazu die großen halbrunden Vorlagen auf den braunen Fotokarton übertragen.

4. Zur Anfertigung der Ohren werden dann die Innenflächen aus orangefarbenem Tonzeichenpapier ausgeschnitten, in der Mitte der Außenohren platziert und mit Kraftkleber fixiert. Die fertigen Ohren dann mit Heißkleber seitlich am Ballon ankleben. Damit die Ohren, die mit einem Längsfalz versehen sind, sich besser an den runden Kopf ankleben lassen, diese quer zum Längsfalz mehrmals einschneiden. So entsteht eine flexible Klebestelle.

5. Mit einem schwarzen Filzstift jetzt den Mund auf die orangefarbene Schnauze malen und die Nase aufkleben. Die Schnauze und die roten Wangen mit Kraft- oder Heißkleber mittig auf die Ballonlaterne aufkleben. Zur Fertigstellung des Gesichtes werden jetzt die Augen angebracht. Zur abschließenden Dekoration erhält der Bär noch eine Fliege aus einem karierten, drahtverstärkten Band, die mit Heißkleber befestigt wird.

6. Zum Schluss werden der Laternenbügel und das Leuchtmittel eingesetzt.

Tipp: *Sie können natürlich auch mit andersfarbigen Papieren arbeiten.*

Material

- *Grundmaterial (siehe Seite 4 und 5)*
- *2 Bogen Transparentpapier in Braun bzw. Dunkelrot, je 70 x 100 cm*
- *Fotokarton in Braun, 20 x 30 cm*
- *Tonzeichenpapier in Orange, 20 x 30 cm*
- *Tonzeichenpapier in Rot, 6 x 12 cm*
- *Tonzeichenpapier in Schwarz, 9 x 9 cm*
- *Tonzeichenpapier in Weiß, 4 x 8 cm*
- *Karoband mit Draht, 4 cm breit, 100 cm lang*
- *Filzstift in Schwarz*
- *Heißklebepistole, Kraftkleber*

Vorlage 6, Bogen B

Gans im Glück

1. Den Luftballon aufpusten (ca. 22 cm) und ihn mit weißen Transparentpapierstücken bekleben (siehe Grundkurs Seite 4). Nur ein kleines Stück unterhalb des Knotens für die Öffnung frei lassen, da diese später auch zugeklebt wird. Dafür einen kleinen Rest Papier zurückbehalten. Nach dem Trocknen den Ballon einstechen und die Reste entfernen.

2. Während des Trocknens die Vorlagen für Kopf (2-mal), Flügel (2-mal) und Schwanz (1-mal) auf weißen Fotokarton übertragen, den Schnabel (2-mal) auf orangefarbenes Tonzeichenpapier (siehe Grundkurs Seite 5).

3. Durch das Aufeinanderkleben erhält das Kopfteil mehr Stabilität. Jedoch bleibt der Falz am Ende des Halses frei von Kleber. Der Schnabel wird von beiden Seiten auf den Kopf geklebt. Dann werden die ovalen Wackelaugen an der entsprechenden Stelle mit Heißkleber fixiert.

4. Auf den Außenseiten der Flügel werden weiße und gelbe Federn mittels Heißkleber angebracht. Der Schwanz erhält von beiden Seiten Federn (dabei nur bis zur Falzlinie kleben).

5. Die kleine Öffnung mit drei bis vier Schichten Transparentpapierstückchen zukleistern, da an dieser Stelle später der Hals befestigt wird.

6. Auf einer Längsseite des Ballons die Laternenöffnung von ca. 12 cm Durchmesser mit Hilfe einer spitzen Schere sauber herausschneiden. An der ehemaligen Ballonknotenstelle mit einem Tapetenmesser einen Längsschnitt von ca. 9 cm einritzen, gegenüberliegend einen Längsschnitt für den Schwanz von ca. 6 cm.

7. Jetzt den Hals in den Rumpf stecken, den Falz auseinander klappen und diesen von innen verkleben. In gleicher Weise wird mit dem Schwanz verfahren.

8. Die Flügel auf die Seiten kleben und als Schmuck mit dem karierten Band ein Glöckchen um den Hals binden. Zum Schluss Bügel und Leuchtmittel anbringen.

Tipp: *Falls die Gans doch kleiner ausfallen soll, können Sie die Vorlagen auf dem Kopierer verkleinern. Auch den Luftballon dann weniger groß aufpusten.*

Material

- *Grundmaterial (siehe Seite 4 und 5)*
- *2 Bogen Transparentpapier in Weiß, je 70 x 100 cm*
- *Fotokarton in Weiß, 2 DIN-A-3-Bogen*
- *Tonzeichenpapier in Orange, 8 x 12 cm*
- *1 Paar Wackelaugen, oval, ca. 1,8 cm*
- *Federn in Gelb und Weiß*
- *Karoband in Weiß-Orange, 70 cm lang*
- *Glöckchen, 1 cm*
- *Heißklebepistole, Kraftkleber*
- *Tapetenmesser*

Vorlage 7, Bogen A

Gut gepunktet, Käfer!

1. Einen Luftballon aufpusten (ca. 18 cm Durchmesser) und Transparentpapierschnipsel mit Kleister auftragen (siehe Grundkurs Seite 4). Unterhalb des Knotens etwa 10 cm frei lassen. Nach dem Trocknen den Ballon einstechen und die Reste entfernen. Jetzt die Öffnung auf eine Größe von ca. 13 cm Durchmesser sauber ausschneiden.

2. Die Vorlagen für die Flügel (2-mal) und den Kreis (8-mal) auf schwarzes Tonzeichenpapier übertragen. Siehe dazu Grundkurs auf Seite 5. Den Kopf auf schwarzes Moosgummi pausen und alle Teile ausschneiden.

3. Auf dem Kopfteil werden jetzt die Wackelaugen mittels Heißkleber fixiert. Zwei Fühler aus schwarzem Biegeplüsch mit Heißkleber hinter dem Kopf anbringen. An den herausragenden Enden des Biegeplüschs werden zwei rote Wattekugeln aufgesteckt. Jetzt die Fühler noch lustig verdrehen, dann sind sie fertig. Den Mund mit rotem Fun Liner Glitter aufmalen.

4. Die beiden Flügel an den Käfer anhalten. Die nach außen zeigenden Flügelflächen innerhalb der inneren Linie mit roter Strohseide bekleben.

5. Auf jede rote Flügelfläche nun wiederum drei schwarze Punkte mit Kraftkleber anbringen.

6. Mit Heißkleber das Kopfteil von innen an der Laterne festkleben. Die fertigen Flügel werden nahe des Kopfes schräg nach außen auch mit Heißkleber angebracht. Damit sie nicht abstehen, müssen sie noch mit den Spitzen unten an der Laterne fixiert werden. Auf den Laternenbauch bzw. Rücken des Käfers werden nun noch die zwei verbliebenen schwarzen Punkte geklebt.

7. Abschließend den Bügel und das Leuchtmittel an der Laterne befestigen.

Tipp: *Um den Käfer größer erscheinen zu lassen, können Sie die Flügel der Breite nach vergrößern, um noch mehr „Jahrespunkte" aufkleben zu können.*

Material

- *Grundmaterial (siehe Seite 4 und 5)*
- *2 Bogen Transparentpapier in Rot, je 70 x 100 cm*
- *Tonzeichenpapier in Schwarz, DIN A 3*
- *Strohseide in Rot, DIN A 4*
- *Moosgummi in Schwarz, 12 x 15 cm*
- *1 Paar Wackelaugen, Ø 2,5 cm*
- *Biegeplüsch in Schwarz, 2 x 25 cm*
- *2 Wattekugeln in Rot, Ø 2 cm*
- *Marabu-Fun Liner Glitter in Rubinrot*
- *Heißklebepistole, Kraftkleber*

Vorlage 8, Bogen B

Freundliches Meeresungeheuer

1. Zwei Luftballons aufblasen, einen auf ca. 20 cm, den anderen auf ca. 12-13 cm. Beide mit hellblauen Transparentpapierstücken bekleben, dabei jeweils ca. 5 cm unterhalb des Knotens frei lassen. Nach dem Trocknen die Ballons einstechen und die Reste entfernen.

2. Die Vorlagen für die Tentakel je 3-mal auf hellblauen Fotokarton übertragen und ausschneiden. Wer acht Tentakel basteln möchte, braucht einen Bogen Fotokarton mehr.

3. Die beiden Unterlagen, die später die Wackelaugen tragen, werden rund aus dem Moosgummi ausgeschnitten. Aus Tonzeichenpapier die verschiedenen Muscheln in beliebiger Anzahl und Farbe ausschneiden.

4. Die Öffnung des größeren Ballons mit einer kleinen Schere auf ca. 11 cm, die des kleineren auf ca. 10 cm erweitern. An dem gegenüberliegenden Ende wird ein Loch von ca. 5 cm herausgeschnitten, um später einen elektrischen Leuchtstab benutzen zu können.

5. Beide Kugeln werden jetzt miteinander verklebt. Dazu den Rand der größeren mit Heißkleber einstreichen und die 10 cm große Öffnung der kleineren darauf setzen.

6. An den Tentakel befindet sich ein Falz (siehe Vorlage). Dieser wird bis zur Falzkante angeschnitten, um so die Fangarme besser an den Rumpf ankleben zu können. Mit Heißkleber alle Tentakel kreisförmig am Unterkörper ankleben.

7. Die Scheiben aus Moosgummi im Gesicht fixieren und darauf die Wackelaugen kleben. Der Mund wird mit rotem Fun Liner Glitter aufgemalt.

8. Um den Kraken plastischer zu gestalten, mit einem blauen Fun Liner Glitter verschieden große Kreise und Punkte auf den Körper einschließlich Tentakel malen. Die bunten Muscheln als Kette zusammenfassen oder verteilt auf den Körper kleben. Abschließend Draht und Leuchtmittel einbringen.

Material

- *Grundmaterial (siehe Seite 4 und 5)*
- *2 Luftballons*
- *3 Bogen Transparentpapier in Hellblau, je 70 x 100 cm*
- *2–3 Fotokartons in Hellblau, je DIN A 3*
- *Tonzeichenpapierstücke in Gelb, Braun und Orange, insgesamt DIN A 4*
- *Moosgummi in Hellblau, 6 x 12 cm*
- *1 Paar Wackelaugen, Ø 1,5 cm*
- *Marabu-Fun Liner Glitter in Rubinrot und Saphir*
- *Heißklebepistole*
- *evtl. Faden für Muschelkette*

Vorlage 9, Bogen C

Fröhlicher Zottelkopf

1. Einen Luftballon auf die Größe von ca. 19 cm Durchmesser aufpusten. Wie im Grundkurs Ballontechnik auf der Seite 4 beschrieben, den aufgeblasenen Ballon mit Tapetenkleister bepinseln und mit weißen Transparentpapierschnipseln bekleben. Der Ballon muss noch feucht sein, während die nach den Motivvorlagen ausgeschnittenen Teile ebenfalls mit Kleister aufgeklebt werden.

2. Die Vorlagen werden bei diesem Modell auf Transparentpapier und Strohseide übertragen (siehe Grundkurs Vorlagen abpausen auf Seite 5): Zwei kleine Kreise für die Augenpartie auf blaues Transparentpapier, ein kleiner Kreis für die Nase auf rote Strohseide. Zwei große Kreise für die Wangen werden ebenso wie der Mund aus roter Strohseide ausgeschnitten.

3. Die mittelgroße Kreisvorlage ist zur Betonung der Wangen gedacht. Sie wird 2-mal auf orangefarbene Strohseide übertragen, ausgeschnitten und je eine auf eine rote Wange geklebt. Alle Teile werden dann zu einem Gesicht zusammengesetzt (siehe Foto) und mit Tapetenkleister auf dem feuchten Ballon angebracht.

4. Nach dem Trocknen den Luftballon aufpieksen, die Ballonreste entfernen und den Rand sauber mit einer spitzen Schere auf eine Größe von 9 cm ausschneiden.

5. Die einzelnen Haare aus braunem Seidenbast werden um den Rand der Öffnung mittels Heißkleber in unterschiedlicher Länge angebracht. Je nach Geschmack kann eine wilde Frisur entstehen.

6. Die Wackelaugen auf die blauen Scheibchen kleben. Zum Schluss dem fröhlichen Zottelkopf bunte Schleifen in die Haare binden.

7. Aludraht oder fertigen Laternenbügel und Leuchtmittel an der Laterne anbringen.

Material

- *Grundmaterial (siehe Seite 4 und 5)*
- *2 Bogen Transparentpapier in Weiß, je 70 x 100 cm*
- *Transparentpapier in Blau, 3 x 6 cm*
- *Strohseide in Rot, 15 x 21 cm*
- *Strohseide in Orange, 5 x 10 cm*
- *1 Paar Wackelaugen, Ø 1,5 cm*
- *Seidenbast in Braun*
- *Karoband in Blau, 0,5 cm breit, 100 cm lang*
- *Karoband in Rot, 1 cm breit, 100 cm lang*
- *Heißklebepistole*

Vorlage 10, Bogen D

Vier Freunde, die zusammenhalten

1. Ein Luftballon auf die Größe von ca. 21 cm Durchmesser aufblasen. Den Ballon (siehe Grundkurs Seite 4) mit vier Schichten aus orangefarbenen Transparentpapierschnipseln bekleben. Ein Stück für die Öffnung unterhalb des Knotens in der Größe von ca. 5 cm aussparen. Trocknen lassen, danach den Ballon einstechen und die Reste entfernen.

2. Das Übertragen der Vorlagen funktioniert wie im Grundkurs auf Seite 5 beschrieben. Aus braunem Fotokarton wird ein Bärenkörper ausgeschnitten, ebenso seine vier Pfoten und die beiden Schuhe des Jungen. Der Bär bekommt einen gelben Haarschopf, eine gelbe Schnauze und eine rote Fliege. Der zweite Bär hat einen grauen Körper, graue Pfoten und bekommt eine grüne Fliege, eine gelbe Schnauze und gelbe Haare.

3. Der Junge hat gelbe Haare, ein hellblaues Hemd und eine dunkelblaue Hose. Für das Mädchen wird ein orangefarbenes Kleid ausgeschnitten, ein roter Kragen und rote Schuhe. Es hat schwarze Haare. Die Gesichter und Hände der beiden Kinder sind weiß.

4. Als Arme und Beine dienen Wollfäden (Farbe nach Belieben), pro Arm und pro Bein etwa 7,5 cm. Auf der Rückseite der Figur werden die Wollfäden mit drei Tupfen Kraft- oder Heißkleber befestigt. Die Hände und Füße werden mit einem Tupfen an die Fadenenden geklebt.

5. Die Gesichter bestehen bei den Bären aus aufgesetzten Wackelaugen und aufgemalten Nasen und Mündern. Dazu einen schwarzen Filzstift verwenden, auch für die Augen der Kinder. Ihnen werden mit Buntstift rote Wangen aufgemalt, damit die Gesichter plastischer wirken.

6. Die fertigen Figuren ringsherum auf der Laterne mit Heißkleber fixieren. Zum Schluss nun noch Bügel und Leuchtmittel einsetzen.

Material

- *Grundmaterial (siehe Seite 4 und 5)*
- *2 Bogen Transparentpapier in Orange, je 70 x 100 cm*
- *Fotokarton in Braun, 10 x 20 cm*
- *Fotokarton in Grau, 8 x 20 cm*
- *Fotokarton in Gelb, Orange und Rot, jeweils 9 x 11 cm*
- *Fotokarton in Hellblau, Dunkelblau und Grün, jeweils 7 x 8 cm*
- *Fotokarton in Schwarz, 7 x 9 cm*
- *Fotokarton in Weiß, 10 x 12 cm*
- *2 Paar Wackelaugen, Ø ca. 1 cm*
- *Wollfäden in verschiedenen Farben, 4 x 30-40 cm*
- *Filzstift in Schwarz*
- *Buntstift in Rot*
- *Heißklebepistole, evtl. Kraftkleber*

Vorlage 11, Bogen C

Kunterbuntes Rüsseltier

1. Einen Ballon auf ca.19-20 cm Durchmesser aufpusten. Drei Schichten weißes Transparentpapier aufbringen. Unterhalb des Knotens ein Stück von ca. 4 cm unbeklebt lassen. Dann eine Lage große und kleine Rechtecke aus verschiedenfarbigem Transparentpapier (einen Rest verwahren) aufbringen. Trocknen lassen, dann den Ballon anstechen und entfernen.

2. In der Zwischenzeit die Vorlagen für den Rüssel (2-mal), Augen (2-mal), Ohren (2-mal) und Beine (4-mal) auf grauen Fotokarton übertragen und ausschneiden. An den Füßen mit schwarzem Filzstift die Zehen anzeichnen. Um den Rüssel stabiler zu machen, die beiden Teile aufeinander kleben.

3. Die kleine Öffnung wird ebenfalls mit Papier zugekleistert, da hier später der Rüssel eingesetzt wird. Am gegenüberliegenden Ende wird später der Schwanz angebracht. Auf einer Längsseite des Ballonkörpers mit einer spitzen Schere eine Öffnung von ca. 12 cm ausschneiden.

4. An der ehemaligen Ballonknotenstelle mit einem Tapetenmesser einen Längsschnitt von ca. 5 cm zum Anbringen des vorgefertigten Rüssels setzen. Nun den Elefantenrüssel in den Rumpf stecken, den Falz auseinander klappen und von innen verkleben. Als Schwanz ein Stück Biegeplüsch in den Rumpf stecken und innen umknicken.

5. Die Ohren werden mittels Heißkleber an dem umgeknickten Falz seitlich an den Körper angeklebt (so erhält das Elefantenohr seine Beweglichkeit), ebenso je ein Vorder- und Hinterbein auf jeder Seite in der unteren Hälfte des Körpers. Damit die Wackelaugen deutlicher sichtbar sind, werden sie auf zwei Scheiben aus grauem Fotokarton geklebt und so auf der Laterne befestigt.

6. Zum Schluss den Laternenbügel und das Leuchtmittel einsetzen.

Tipp: *Für die Herstellung des Elefanten können Sie sämtliche Reste verwenden, die Sie an Transparentpapier noch haben. Statt Rechtecken können Sie auch runde Formen benutzen. Ihrer Phantasie sind keine Grenzen gesetzt.*

Material

- *Grundmaterial (siehe Seite 4 und 5)*
- *1,5 Bogen Transparentpapier in Weiß à 70 x 100 cm*
- *Transparentpapier in Gelb, Hell- und Dunkelgrün, Lila, Rosa, Orange, insgesamt 35 x 50 cm*
- *Fotokarton in Grau, 2 DIN-A-3-Bogen*
- *Biegeplüsch in Grau, 30 cm*
- *1 Paar Wackelaugen, Ø 1 cm*
- *Filzstift in Schwarz*
- *Heißklebepistole, Kraftkleber*
- *Tapetenmesser*

Vorlage 12, Bogen D

Besuch aus dem Weltall

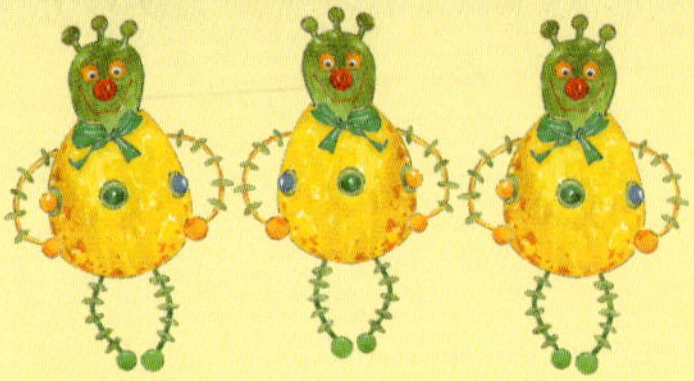

1. Den Luftballon auf eine Größe von ca. 18 cm Durchmesser aufpusten. Siehe dazu Grundkurs auf Seite 4. Mit drei bis vier Schichten Transparentpapierschnipseln bekleben. Unterhalb des Knotens bleibt ein Stück von ca. 8 cm ausgespart. Trocknen lassen. Danach Ballon anstechen und entfernen. Die Öffnung der Laterne sauber mit einer spitzen Schere auf eine Größe von 11 cm Durchmesser erweitern.

2. In der Zwischenzeit die Vorlagen für das Gesicht 2-mal (für Vorder- und Hinterkopf) und die Kreise auf den grünen Fotokarton übertragen. Pro Bein und Arm je fünf Kreise und ebenso viele für die Körperdekoration anfertigen, insgesamt also 25 Kreise. Zusätzlich zwei Kreise für die Augen auf gelben Fotokarton und einen für die Nase auf rotes Moosgummi übertragen und alles ausschneiden.

3. Die Scheiben für die Arme und Beine bekommen ein Loch, damit der Biegeplüsch durchgezogen werden kann. Auf die Augenscheiben die Wackelaugen kleben. Nun diese zusammen mit der Nase mittels Heißkleber im Gesicht fixieren. Den Mund und die Punkte für die Augenbrauen sowie die „Antennen"-Dekoration entsprechend dem Muster auf dem Vorlagenbogen mit rotem Fun Liner Glitter aufmalen.

4. Zwei Längsschnitte (siehe Vorlage) im unteren Teil des Kopfes geben einen besseren Halt beim Aufkleben auf die Laterne. Vorder- und Hinterkopf an der mittleren „Antenne" mit einem Tupfen Kleber verbinden.

5. Um die mit grünen Scheibchen bestückten Arme und Beine anzubringen, werden mit einer spitzen Schere Löcher in die Laterne gebohrt. Die Plüschdrähte ca. 1,5 cm tief hineinschieben und innen umknicken. An den anderen Enden dann noch die Wattekugeln als Hände und Füße aufstecken. Eine grüne Schleife und die verbliebenen fünf Scheiben auf den Laternenkörper kleben und auf jede Scheibe eine Wattekugel setzen.

6. Zum Schluss die Halterung und das Leuchtmittel anbringen.

Material

- *Grundmaterial (siehe Seite 4 und 5)*
- *2 Bogen Transparentpapier in Dunkelgelb, je 70 x 100 cm*
- *Fotokarton in Grün, DIN A 3*
- *Fotokarton in Gelb, 4 x 8 cm*
- *Moosgummi in Rot, 4 x 4 cm*
- *Biegeplüsch in Gelb und Grün, je 50 cm lang*
- *9 Wattekugeln, Farbe nach Wunsch, Ø 2 cm*
- *1 Paar Wackelaugen, Ø 2 cm*
- *grünes Band, 2 cm breit, 60 cm lang*
- *Marabu-Fun Liner Glitter in Rubinrot*
- *Heißklebepistole*

Vorlage 13, Bogen D

Impressum

Entwürfe und Realisation: Dorothée Vogler
Lektorat: Dr. Dorothea Wenninger
Fotos und Styling: Fotostudio Oswald,
79739 Schwörstadt, www.visuelle-medien.de
Umschlaggestaltung: Christiane Kölble
Entwurf und Illustration „Klipp-Klapper":
Stefan Hagen
Layout und Produktion: buchkonzept@web.de
Druck und Verarbeitung: J. P. Himmer, Augsburg

ISBN 3-89858-613-8

Herstellerverzeichnis

Farben und Lacke:
Marabuwerke GmbH & Co.
Asperger Straße 4
71732 Tamm

Hobby- und Bastelbedarf:
Rayher Hobby, KnorrPrandell, Uhu,
alle über Hobby- und Bastelfachhandel